58, rue Jean Bleuzen – CS 70007 – 92178 Vanves
Dépôt légal : août 2016 – Édition 01.
ISBN : 978-2-01-398226-9
Loi n° 49-956 du 16 juillet 1949 sur les publications destinées à la jeunesse.
Imprimé en Espagne par Estella Graficas. Achevé d'imprimer en août 2016.

Philippe Matter

# MINI-LOUP

## MON IMAGIER FRANÇAIS ANGLAIS

I

Les albums Hachette

# SOMMAIRE

*moi, ma famille... et les copains* //
me, my family... and friends .................................................... **p. 8**

*la maison* // the house .................................................... **p. 18**

*la nature* // nature .................................................... **p. 30**

*l'école* // school .................................................... **p. 44**

les sports // sports ........ p. 54

les transports // transports ........ p. 64

les vacances // holidays ........ p. 70

les fêtes // celebrations ........ p. 80

Index ........ p. 90

ma mère
my mother

mon père
my father

ma petite sœur
my little sister

# my family... and friends

mon grand-père
my grandfather

ma grand-mère
my grandmother

mon frère
my brother

un jardinier
a gardener

un photographe
a photographer

un cuisinier
a cook

un docteur
a doctor

un menuisier
a carpenter

un footballeur
a footballer

une peintre
a painter

un pompier
a fireman

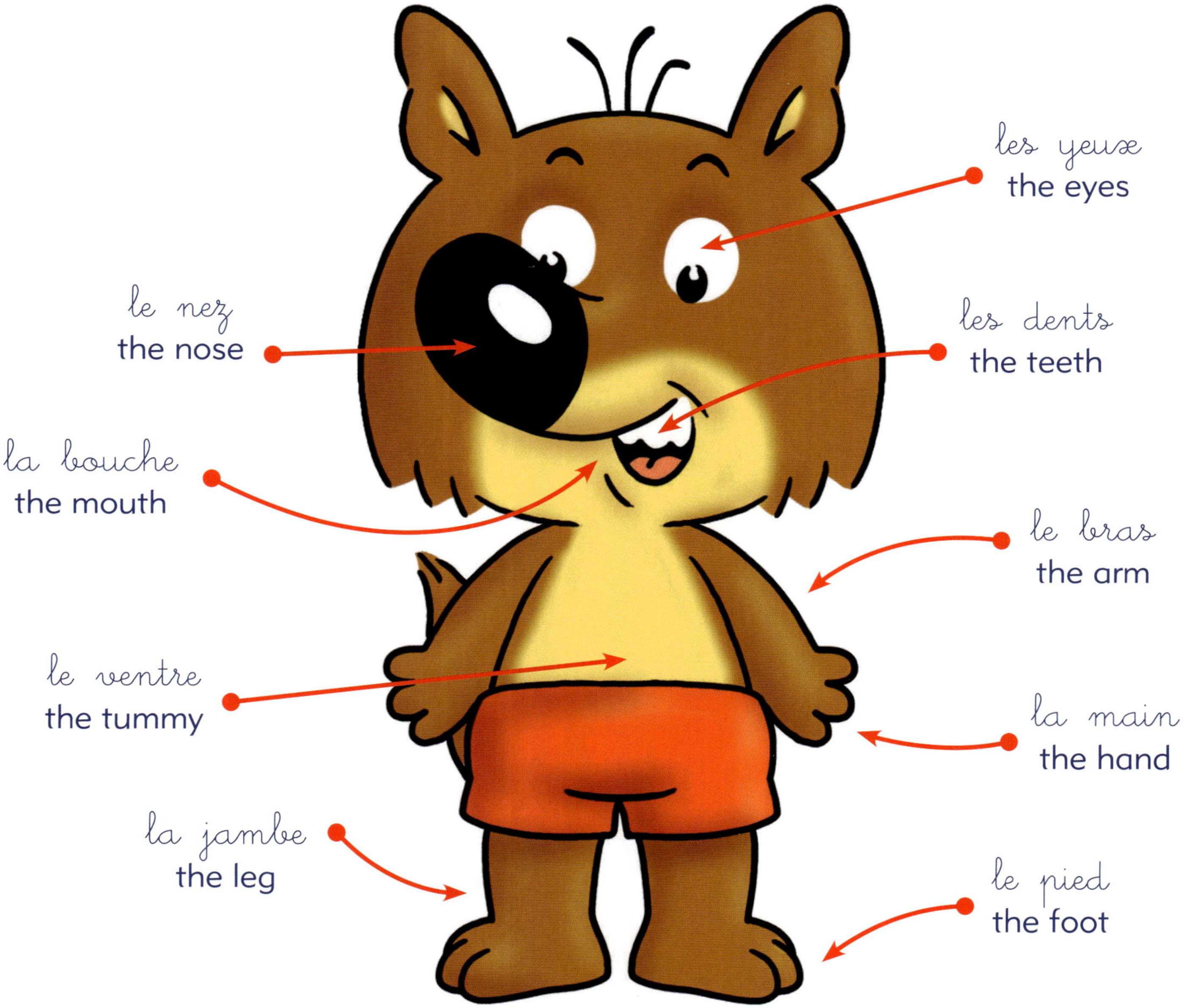
les yeux
the eyes
le nez
the nose
les dents
the teeth
la bouche
the mouth
le bras
the arm
le ventre
the tummy
la main
the hand
la jambe
the leg
le pied
the foot

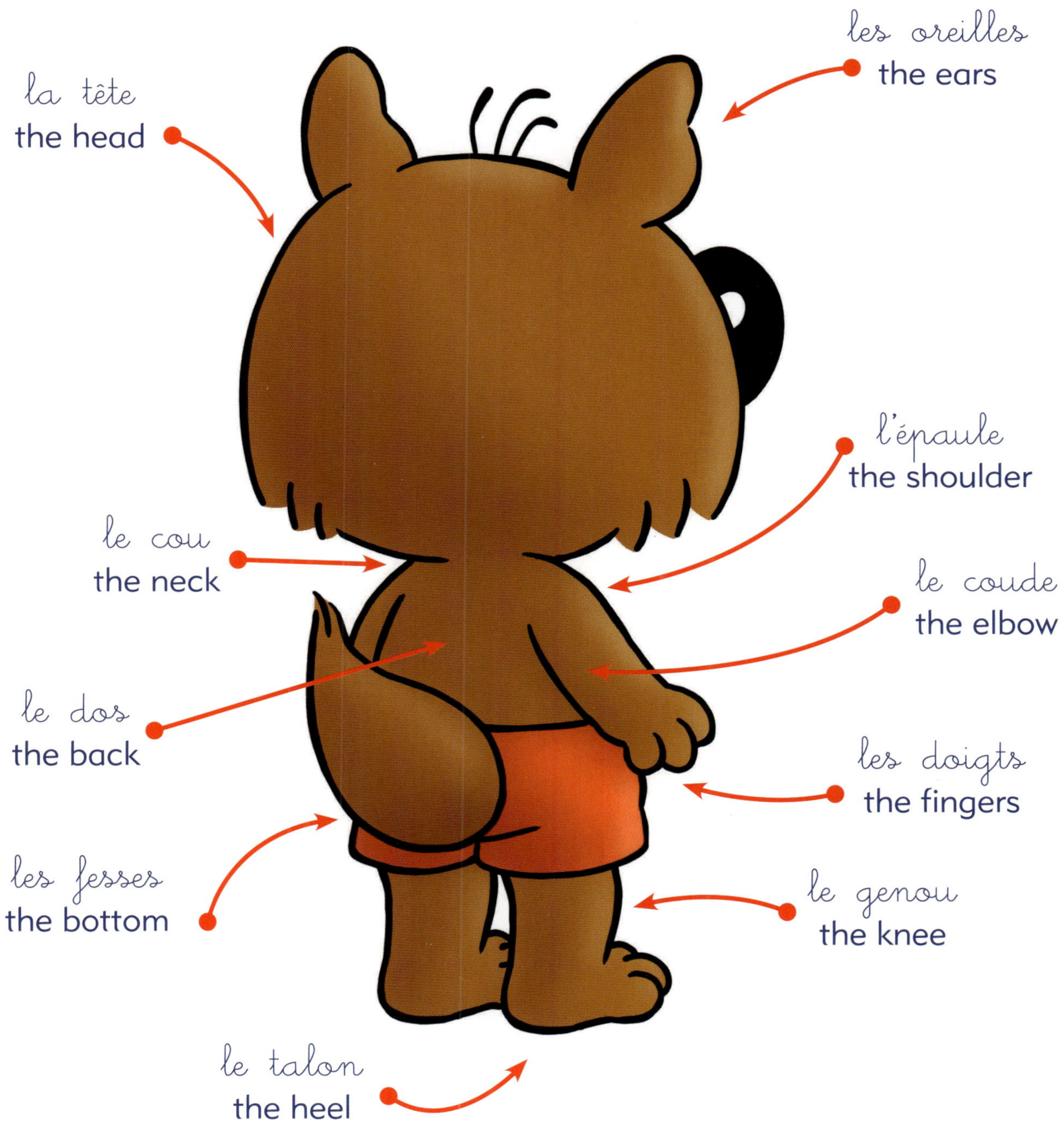
les oreilles
the ears
la tête
the head
l'épaule
the shoulder
le cou
the neck
le coude
the elbow
le dos
the back
les doigts
the fingers
les fesses
the bottom
le genou
the knee
le talon
the heel

crier
(to) shout

penser
(to) think

être content / heureux
(to) be happy

être en colère
(to) be angry

!?!

être étonné / surpris
(to) be surprised

sourire
(to) smile

être amoureux
(to) be in love

pleurer
(to) cry

détester
(to) hate

rire
(to) laugh

aimer
(to) like

se demander
(to) wonder

être timide
(to) be shy

des lunettes
glasses

enceinte
pregnant

un bébé
a baby

une ombre
a shadow

grand / petit
tall / short

une femme
a woman

un homme
a man

léger
light

lourd
heavy

jeune
young

vieux
old

# la maison // the house

une porte
a door
un biberon
a baby bottle
une assiette
a plate
un couteau
a knife
une marmite
a pot
une cuillère
a spoon

la cuisine
the kitchen
un repas
a meal
un verre d'eau
a glass of water
du pain
some bread
une fourchette
a fork
une table
a table
un tabouret
a stool

# la maison // the house

une banane
a banana

du beurre
some butter

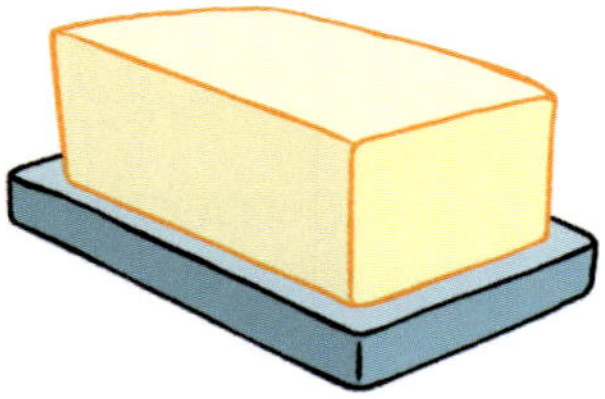

une cerise
a cherry

du chocolat
some chocolate

une fraise
a strawberry

une carotte
a carrot

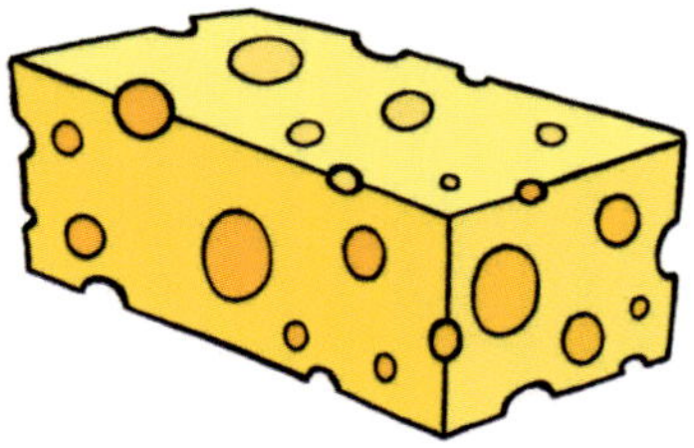

un morceau de fromage
a piece of cheese

une bouteille de lait
a bottle of milk

de la farine
some flour

du raisin
some grapes

des tomates
tomatoes

une orange
an orange

des saucisses
sausages

des pommes de terre
potatoes

une poire
a pear

du jambon
some ham

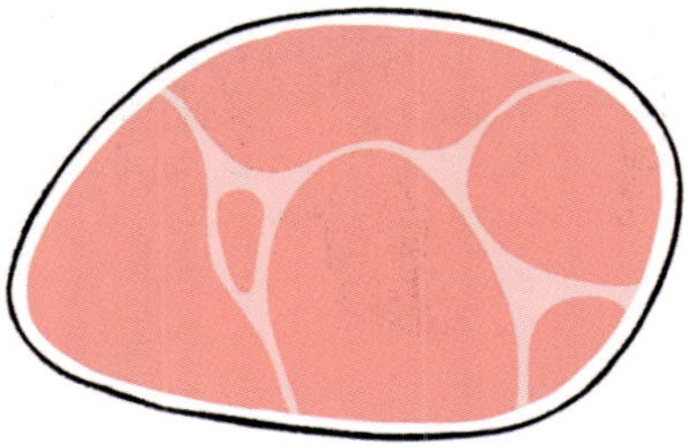

une salade
lettuce

# la maison // the house

la chambre
the bedroom
un lit
a bed
un pyjama
pyjamas
un oreiller
a pillow
un livre
a book
une couette
a duvet

J'ai plein de jouets.

I have a lot of toys.

# la maison // the house

un bonnet
a woolly hat

des chaussettes
socks

une écharpe
a scarf

un pantalon
trousers

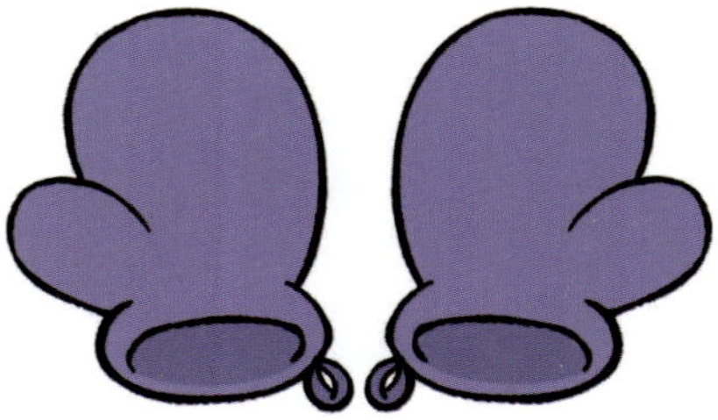

des moufles
mittens

un pull
a sweater

des chaussures
shoes

une valise
a suitcase

un ballon
a ball

un vase
a vase

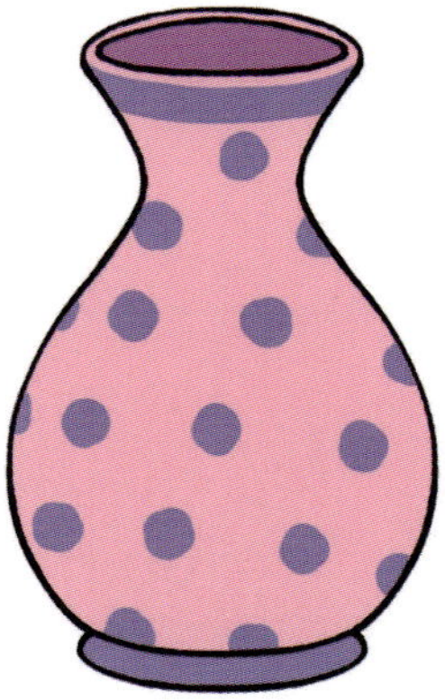

un manteau
a coat

des bottes
boots

une table de chevet
a bedside table

un téléphone
a cell phone

MINI-LOUP

# la maison // the house

## la salle de bains
## the bathroom

la mousse
foam
un peignoir
a bathrobe
une baignoire
a bath
un savon
a soap
un tapis
a bath mat

un miroir
a mirror
un lavabo
a washbasin

Je me lave les dents.
I am brushing my teeth.

# la maison // the house

une brosse
à cheveux
a hairbrush

une casquette
a cap

une cravate
a tie

du parfum
perfume

L

une culotte
panties

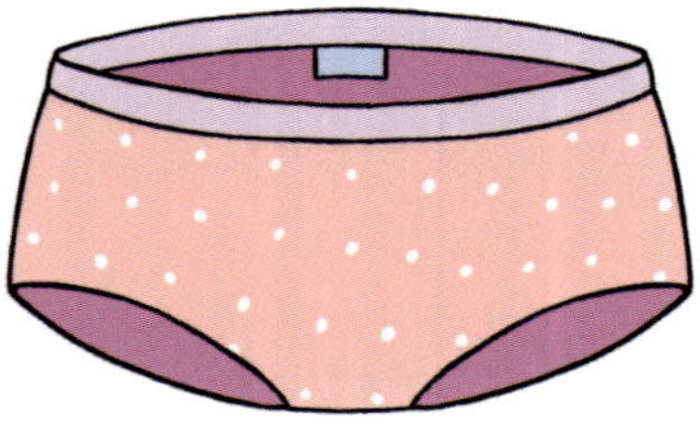

une chemise
a shirt

des chaussons
slippers

une horloge
a clock

un tee-shirt
a tee-shirt

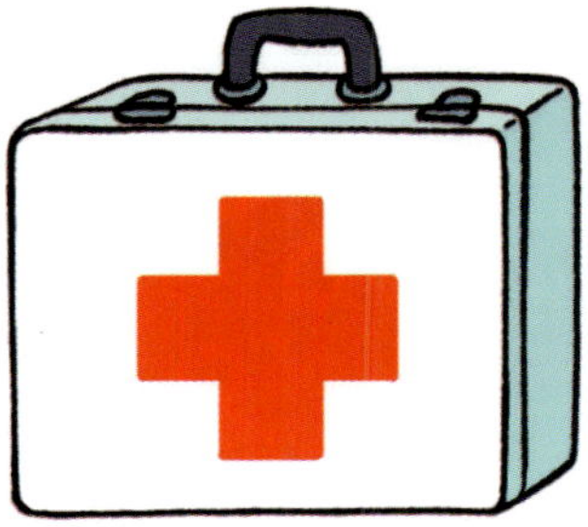

une trousse de secours
a first aid kit

une serviette
a towel

des lunettes de soleil
sunglasses

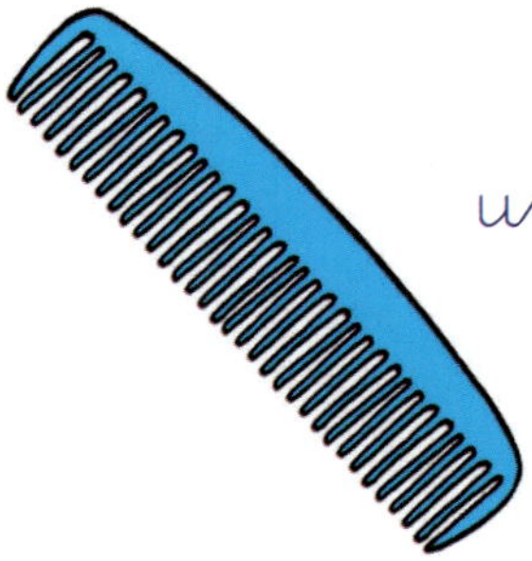

un peigne
a comb

des tongs
flip-flops

# la nature // nature

un vélo
a bike
une forêt
a forest
un jardin
a garden
un arbre
a tree
une pierre
a stone
tomber
(to) fall

un toit
a roof
une maison
a house
une clôture
a fence
une fenêtre
a window
une terrasse
a terrace
une poule
a hen
des poussins
chicks
un tondeuse
a lawnmower

# la nature // nature

un chat
a cat

un papillon
a butterfly

une araignée
a spider

un chien
a dog

une coccinelle
a ladybird

une vache
a cow

une taupe
a mole

un canard
a duck

un oiseau
a bird

une abeille
a bee

un coq
a rooster

une grenouille
a frog

une fleur
a flower

une souris
a mouse

# la nature // nature

un chameau
a camel
une cage
a cage
un lion
a lion
un os
a bone

une girafe
a giraffe
un éléphant
an elephant

# la nature // nature

un ours
a bear

un bonhomme de neige
a snowman

un perroquet
a parrott

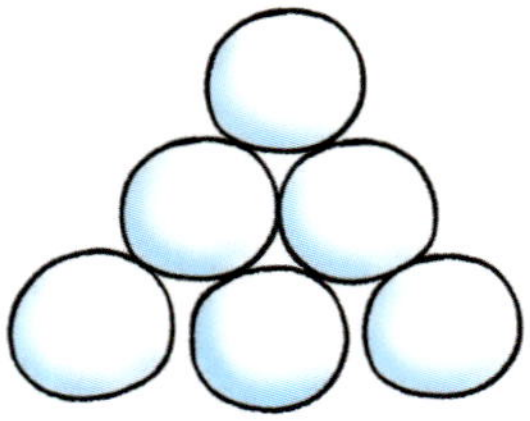

des boules de neige
snowballs

un manchot
a penguin

un igloo
an igloo

un tigre
a tiger

un aigle
an eagle

un phoque
a seal

un singe
a monkey

un sapin
a fir tree

un morse
a walrus

un sous-marin

a submarine

des méduses
jellyfish
une épave
a wreck
des coraux
corals
un dauphin
a dolphin
une tortue
a turtle

des coquillages
shellfish

un requin
a shark

une baleine
a whale

un crabe
a crab

un hippocampe
a sea horse

une mouette
a seagull

une étoile de mer
a starfish

une sirène
a mermaid

un poisson
a fish

une pieuvre
an octopus

# la météo // the weather

un nuage
a cloud

un orage
a storm

des grêlons
hailstones

des éclairs
lightning

Il fait chaud.
It's hot.

Il pleut.
It's raining.

Il neige.
It's snowing.

# les saisons // the seasons

printemps
spring

été
summer

automne
autumn

hiver
winter

# l'école // school

un tableau
a blackboard
une éponge
a sponge
une équerre
a set square
un bureau
a desk
une poubelle
a bin
la maîtresse
the teacher
un cartable
a school bag

une salle de classe
a classroom
un porte-manteau
a coat peg
des élèves
students

# l'école // school

abc

une ardoise
a slate

un ballon
a ball

des craies
chalks

un bâton de colle
a glue stick

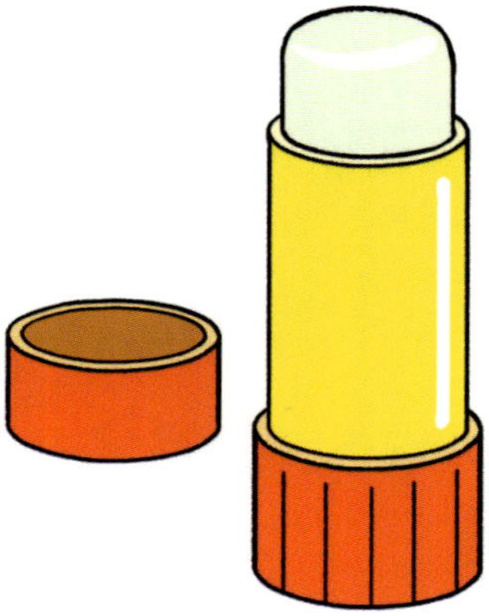

des billes
marbles

des cubes
blocks

des ciseaux
scissors

un crayon de papier
a pencil

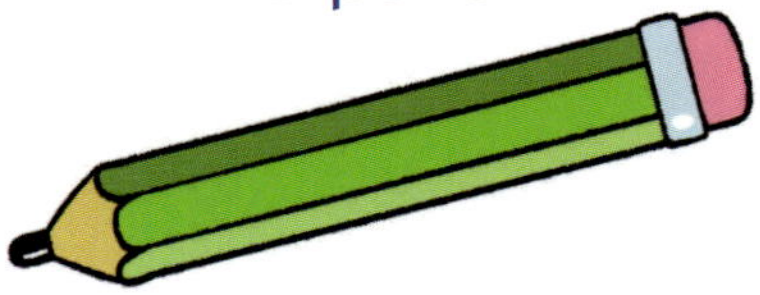

un taille-crayon
a pencil sharpener

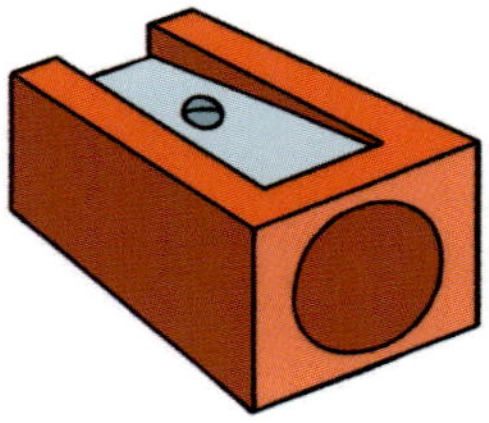

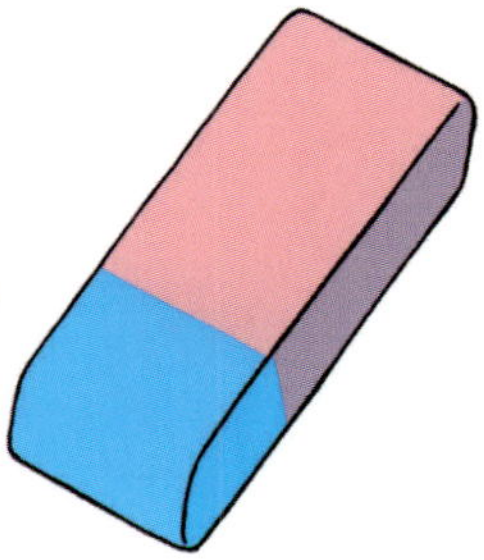

une gomme
an eraser

une trousse
a pencil case

un sac à dos
a backpack

un cahier
an exercise book

une règle
a ruler

un stylo
a pen

## les nombres // numbers

0
zéro
zero

1
un
one

2
deux
two

3
trois
three

4
quatre
four

5
cinq
five

6
six
six

7
sept
seven

8
huit
eight

9
neuf
nine

10
dix
ten

20
vingt
twenty

30
trente
thirty

40
quarante
fourty

50
cinquante
fifty

60
soixante
sixty

70
soixante-dix
seventy

80
quatre-vingt
eighty

90
quatre-vingt-dix
ninety

100
cent
one hundred

1000
mille
one thousand

# les couleurs // colours

rouge
red

bleu
blue

jaune
yellow

rose
pink

marron
brown

orange
orange

vert
green

noir
black

grey
grey

violet
purple

blanc
white

## l'heure // time

MINUTES
HEURES

une heure moins cinq
five to one

HEURES

une heure cinq
five past one

MINUTES
HEURES

une heure pile
one o'clock

HEURES
MINUTES

une heure et quart
quarter past one

HEURES
MINUTES

une heure et demie
half past one

# une semaine // a week

lundi
Monday

mardi
Tuesday

mercredi
Wednesday

jeudi
Thursday

vendredi
Friday

samedi
Saturday

dimanche
Sunday

# l'école // school

un dessin / une peinture
a drawing / a painting

un chevalet
an easel

un pinceau
a paintbrush

une blouse
an art smock

un pot de peinture
a can of paint

*Je peins.*

I am painting.

# les sports // sports

un maillot de bain
a swim trunks
un plongeoir
a diving board
avoir peur
(to) be afraid
une échelle
a ladder
sauter
(to) jump
la piscine
the swimming pool

un bonnet de bain
a swim cap
des serviettes
beach towels
un sac
a bag
un banc
a bench
un maître nageur
a swimming teacher
une bouée
a rubber ring
nager
(to) swim

# les sports // sports

plonger
(to) dive

des palmes
flippers

faire de l'escalade
(to) go climbing

un saut en parachute
a parachute jump

faire du vélo
(to) cycle

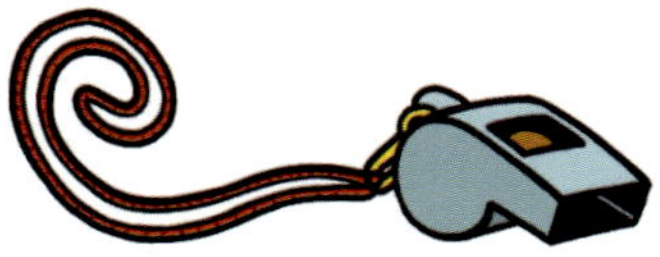

un sifflet
a whistle

courir
(to) run

une coupe
a cup

une luge
a sledge

faire du ski
(to) ski

faire du patinage
(to) ice-skate

faire de la planche à voile
(to) windsurf

faire du canoë
(to) canoe

une gourde
a flask

faire du roller
(to) roller-skate

Nous jouons au football.
We are playing football.

des chaussures à crampons
football boots
le but
the goal
le terrain de football
the football field

# les sports // sports

la danse
dancing

une médaille
a medal

une raquette de ping-pong
a table tennis bat

un ballon de rugby
a rugby ball

le judo
judo

un ballon de basket
a basketball

le tennis
tennis

des raquettes
de tennis
tennis rackets

faire de
la gymnastique
(to) do gymnastics

faire de la plongée
sous-marine
(to) dive

un podium
a podium

un chronomètre
a chronometer

un arbitre de football
a football referee

faire du surf
(to) surf

Je monte à cheval.
I am riding.

une bombe
a riding hat
un cavalier
a rider
une selle
a saddle
un poney
a pony
des obstacles
obstacles
un cheval
a horse
la ligne d'arrivée
the finish line

# les transports // transports

une gare
a station
un tableau d'affichage
an indicator board
des voyageurs
passengers
dire au revoir
(to) say goodbye
des bagages
luggage
une poussette
a pushchair

un train
a train
un conducteur
a train driver
un contrôleur
an inspector
un quai
a platform

# les transports // transports

un voilier
a sailing boat

une voiture de course
a racing car

une montgolfière
a hot-air balloon

une voiture
a car

une ambulance
an ambulance

un scooter des mers
a jetski

un bateau à moteur
a motorboat

un avion
a plane

un paquebot
a liner

un car
a coach

une trottinette
a scooter

un tracteur
a tractor

un camion de pompier
a fire engine

une barque
a boat

Je suis en apesanteur.
I am in zero gravity.

la planète Saturne
the planet Saturn
la Terre
the Earth
une étoile
a star
une fusée
a rocket
un astronaute
an astronaut

# les vacances // holidays

une dune de sable
a sand dune
(se faire) bronzer
(to) get a suntan
un coup de soleil
a sunburn
des beignets
donuts
la plage
the beach

un cerf-volant
a kite
un parasol
a beach umbrella
un chapeau
a hat
un journal
a newspaper
lire
(to) read
éclabousser
(to) splash
se baigner
(to) have a swim
la mer
the sea

# les vacances // holidays

des glaces
ice creams

un masque de plongée
a diving mask

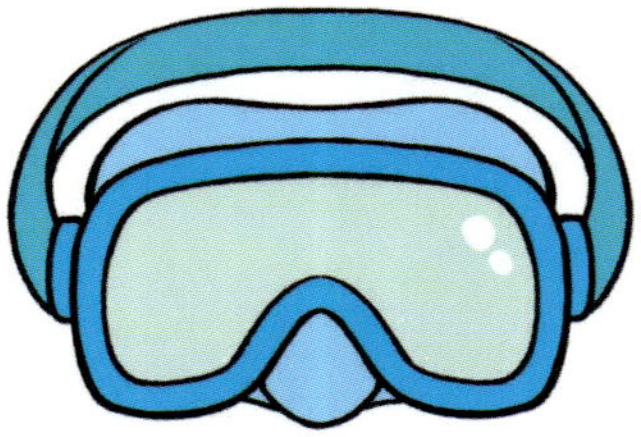

de la crème solaire
suntan cream

un tuba
a snorkel

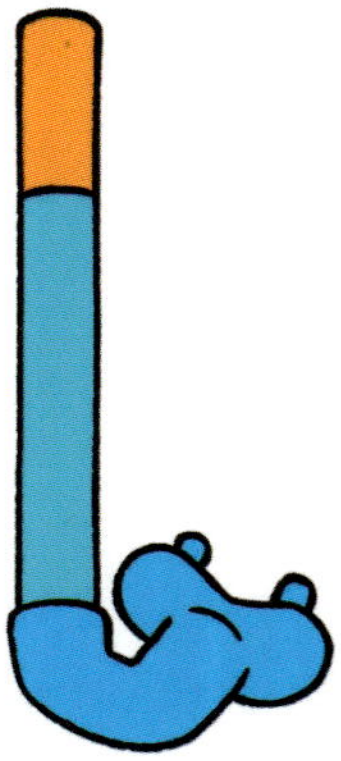

un château de sable
a sand castle

une pelle
a spade

un rateau
a rake

des lunettes de soleil
sunglasses

le soleil
the sun

faire du ski-nautique
(to) go water-skiing

un phare
a lighthouse

une épuisette
a landing net

un seau
a bucket

# les vacances // holidays

une montagne
a mountain
une pomme de pin
a pine cone
la neige
the snow
un bâton de ski
a ski pole
des chaussures de ski
ski boots
des traces de pas
footprints

une avalanche

an avalanche

Nous pique-niquons.
We are having a picnic.

la Lune
the Moon
le ciel
the sky
des brochettes
brochettes
un feu de camp
a campfire
une glacière
a coolbox

des rames
paddles

un barbecue
a barbecue

un canot pneumatique
a dinghy

des cartes à jouer
playing cards

faire de la randonnée
(to) go hiking

un sandwich
a sandwich

un serpent
a snake

une chauve-souris
a bat

une tente
a tent

pêcher
(to) fish

une canne
à pêche
a fishing rod

la nuit de Noël
Christmas Eve
un toit
a roof

un traîneau
a sleigh
un renne
a reindeer
une cheminée
a chimney

# les fêtes // celebrations

un œuf de Pâques
an Easter egg

un cupcake
a cupcake

un biscuit
a biscuit

des ballons
balloons

une couronne
a crown

un nœud
a bow

des boules de Noël
Christmas baubles

une bougie
a candle

un sapin
de Noël
a Christmas tree

le père Noël
Santa Claus

des cotillons
streamers

un cadeau
a present

Nous cuisinons.

We are cooking.

avoir la fève
(to) get the bean
une part de galette des rois
a slice of Twelfth Night cake
une bouteille de jus d'orange
a bottle of orange juice
une chaise
a chair

# les fêtes // celebrations

la nuit
the night
une fontaine
a fountain
une citrouille
a pumpkin
un fantôme
a ghost
la rue
the street

Nous sommes déguisés
en vampire et en sorcière.

We are dressed up
as a vampire and a witch.

# les fêtes // celebrations

une guirlande en papier
a paper chain

une princesse
a princess

un bonbon
a sweet

une barbe à papa
a candyfloss

un gâteau d'anniversaire
a birthday cake

offrir un cadeau
(to) give a present

un clown
a clown

une sucette
a lollipop

un maquillage
a make-up

des confettis
confetti

un magicien
a magician

fêter mon anniversaire
(to) celebrate my birthday

un masque
a mask

un château gonflable
a bouncy castle

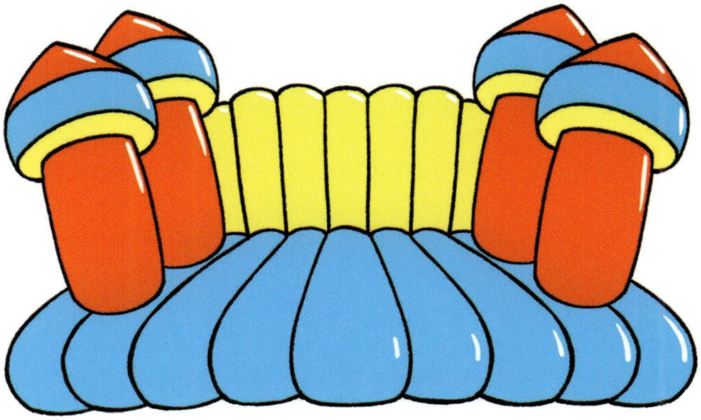

# INDEX

| | | |
|---|---|---|
| ambulance | ambulance | 66 |
| arm | bras | 12 |
| art smock | blouse | 42 |
| astronaut | astronaute | 69 |
| autumn | automne | 43 |
| avalanche | avalanche | 75 |
| baby | bébé | 16 |
| baby bottle | biberon | 18 |
| back | dos | 13 |
| backpack | sac à dos | 47 |
| bag | sac | 55 |
| ball | ballon | 25, 46 |
| balloons | ballons | 82 |
| banana | banane | 20 |
| barbecue | barbecue | 78 |
| basketball | ballon de basket | 60 |
| bat | chauve-souris | 79 |
| bath | baignoire | 26 |
| bath mat | tapis | 26 |
| bathrobe | peignoir | 26 |
| bathroom | salle de bains | 26 |
| beach | plage | 70 |
| beach towels | serviettes | 55 |
| beach umbrella | parasol | 71 |
| bear | ours | 36 |
| bed | lit | 22 |
| bedroom | chambre | 22 |
| bedside table | table de chevet | 25 |
| bee | abeille | 33 |
| bench | banc | 55 |
| bike | vélo | 30 |
| bin | poubelle | 44 |
| bird | oiseau | 33 |
| birthday cake | gâteau d'anniversaire | 88 |
| biscuit | biscuit | 82 |
| black | noir | 49 |
| blackboard | tableau | 44 |
| blocks | cubes | 46 |
| blue | bleu | 49 |
| boat | barque | 67 |
| bone | os | 34 |
| book | livre | 22 |
| boots | bottes | 25 |
| bottle of milk | bouteille de lait | 20 |
| bottle of orange juice | bouteille de jus d'orange | 85 |
| bottom | fesses | 13 |
| bouncy castle | château gonflable | 89 |
| bow | nœud | 82 |
| bread | pain | 19 |
| brochettes | brochettes | 77 |
| brother | frère | 9 |
| brown | marron | 49 |
| bucket | seau | 73 |
| butter | beurre | 20 |
| butterfly | papillon | 32 |
| cage | cage | 34 |
| camel | chameau | 34 |
| campfire | feu de camp | 77 |
| can of paint | pot de peinture | 52 |
| candle | bougie | 82 |
| candyfloss | barbe à papa | 88 |
| cap | casquette | 28 |
| car | voiture | 66 |
| carpenter | menuisier | 11 |
| carrot | carotte | 20 |
| cat | chat | 32 |
| cell phone | téléphone | 25 |
| chair | chaise | 85 |
| chalks | craies | 46 |
| cherry | cerise | 20 |
| chicks | poussins | 31 |
| chimney | cheminée | 81 |
| chocolate | chocolat | 20 |
| Christmas baubles | boules de Noël | 83 |
| Christmas Eve | nuit de Noël | 80 |
| Christmas tree | sapin de Noël | 83 |
| chronometer | chronomètre | 61 |
| classroom | salle de classe | 45 |
| clock | horloge | 29 |
| cloud | nuage | 42 |
| clown | clown | 88 |
| coach | car | 67 |
| coat | manteau | 25 |
| coat peg | porte-manteau | 45 |
| colours | couleurs | 49 |
| comb | peigne | 29 |
| confetti | confettis | 89 |
| cook | cuisinier | 10 |
| coolbox | glacière | 77 |
| corals | coraux | 39 |
| cow | vache | 32 |
| crab | crabe | 40 |
| crown | couronne | 82 |
| cup | coupe | 57 |
| cupcake | cupcake | 82 |
| dancing | danse | 60 |
| desk | bureau | 44 |
| dinghy | canot pneumatique | 78 |
| diving board | plongeoir | 54 |
| diving mask | masque de plongée | 72 |
| doctor | docteur | 10 |
| dog | chien | 32 |
| dolphin | dauphin | 39 |
| donuts | beignets | 70 |
| door | porte | 18 |
| drawing | dessin | 52 |
| duck | canard | 33 |
| duvet | couette | 22 |
| eagle | aigle | 37 |
| ears | oreilles | 13 |
| Earth | Terre | 69 |
| easel | chevalet | 52 |
| Easter egg | œuf de Pâques | 82 |
| eight | huit | 48 |
| eighty | quatre-vingt | 48 |
| elbow | coude | 13 |
| elephant | éléphant | 35 |
| eraser | gomme | 47 |
| exercise book | cahier | 47 |
| eyes | yeux | 12 |

| | | |
|---|---|---|
| father | père | 8 |
| fence | clôture | 31 |
| fifty | cinquante | 48 |
| fingers | doigts | 13 |
| finish line | ligne d'arrivée | 63 |
| fir tree | sapin | 37 |
| fire engine | camion de pompier | 67 |
| fireman | pompier | 11 |
| first aid kit | trousse de secours | 29 |
| fish | poisson | 41 |
| fishing rod | canne à pêche | 79 |
| five | cinq | 48 |
| flask | gourde | 57 |
| flippers | palmes | 56 |
| flips-flops | tongs | 29 |
| flour | farine | 21 |
| flower | fleur | 33 |
| foam | mousse | 26 |
| foot | pied | 12 |
| football boots | chaussures à crampons | 59 |
| football referee | arbitre de football | 61 |
| football field | terrain de football | 59 |
| footballer | footballeur | 11 |
| footprints | traces de pas | 74 |
| forest | forêt | 30 |
| fork | fourchette | 19 |
| fountain | fontaine | 86 |
| four | quatre | 48 |
| fourty | quarante | 48 |
| Friday | vendredi | 51 |
| frog | grenouille | 33 |
| garden | jardin | 30 |
| gardener | jardinier | 10 |
| ghost | fantôme | 86 |
| giraffe | girafe | 35 |
| glass of water | verre d'eau | 19 |
| glasses | lunettes | 16 |
| glue stick | bâton de colle | 46 |
| goal | but | 59 |
| grandfather | grand-père | 9 |
| grandmother | grand-mère | 9 |
| grapes | raisin | 21 |
| green | vert | 49 |
| grey | gris | 49 |
| hailstones | grêlons | 42 |
| hairbrush | brosse à cheveux | 28 |
| ham | jambon | 21 |
| hand | main | 12 |
| hat | chapeau | 71 |
| head | tête | 13 |
| heavy | lourd | 17 |
| heel | talon | 13 |
| hen | poule | 31 |
| horse | cheval | 63 |
| hot-air balloon | montgolfière | 66 |
| house | maison | 31 |
| ice creams | glaces | 72 |
| igloo | igloo | 36 |
| indicator board | tableau d'affichage | 64 |
| inspector | contrôleur | 65 |
| jellyfish | méduses | 39 |
| jetski | scooter des mers | 66 |
| judo | judo | 60 |
| kitchen | cuisine | 19 |
| kite | cerf-volant | 71 |
| knee | genou | 13 |
| knife | couteau | 18 |
| ladder | échelle | 54 |
| ladybird | coccinelle | 32 |
| landing net | épuisette | 73 |
| lawnmower | tondeuse | 31 |
| leg | jambe | 12 |
| lettuce | salade | 21 |
| light | léger | 17 |
| lighthouse | phare | 73 |
| lightning | éclairs | 42 |
| liner | paquebot | 67 |
| lion | lion | 34 |
| little sister | petite sœur | 8 |
| lollipop | sucette | 88 |
| luggage | bagages | 64 |
| magician | magicien | 89 |
| make-up | maquillage | 89 |
| man | homme | 17 |
| marbles | billes | 46 |
| mask | masque | 89 |
| meal | repas | 19 |
| medal | médaille | 60 |
| mermaid | sirène | 41 |
| mirror | miroir | 27 |
| mittens | moufles | 24 |
| mole | taupe | 32 |
| Monday | lundi | 51 |
| monkey | singe | 37 |
| mountain | montagne | 74 |
| Moon | Lune | 77 |
| mother | mère | 8 |
| motorboat | bateau à moteur | 66 |
| mouse | souris | 33 |
| mouth | bouche | 12 |
| neck | cou | 13 |
| newspaper | journal | 71 |
| night | nuit | 86 |
| nine | neuf | 48 |
| ninety | quatre-vingt-dix | 48 |
| nose | nez | 12 |
| numbers | nombres | 48 |
| obstacles | obstacles | 63 |
| octopus | pieuvre | 41 |
| old | vieux | 17 |
| one | un | 48 |
| one hundred | cent | 48 |
| one thousand | mille | 48 |
| orange | orange | 21, 49 |
| paddles | rames | 78 |
| paintbrush | pinceau | 52 |
| painter | peintre | 11 |
| painting | peinture | 52 |
| panties | culotte | 28 |
| paper chain | guirlande | 88 |
| parachute jump | saut en parachute | 56 |
| parrott | perroquet | 36 |
| passengers | voyageurs | 64 |
| pear | poire | 21 |
| pen | stylo | 47 |
| pencil | crayon de papier | 47 |
| pencil case | trousse | 47 |
| pencil sharpener | taille-crayon | 47 |
| penguin | manchot | 36 |
| perfume | parfum | 28 |
| photographer | photographe | 10 |
| piece of cheese | morceau de fromage | 20 |
| pillow | oreiller | 22 |

| | | |
|---|---|---|
| pine cone | pomme de pin | 74 |
| pink | rose | 49 |
| plane | avion | 67 |
| planet Saturne | planète Saturne | 69 |
| plate | assiette | 18 |
| platform | quai | 65 |
| playing cards | cartes à jouer | 78 |
| podium | podium | 61 |
| pony | poney | 63 |
| pot | marmite | 18 |
| potatoes | pommes de terre | 21 |
| pregnant | enceinte | 16 |
| present | cadeau | 83 |
| princess | princesse | 88 |
| pumpkin | citrouille | 86 |
| purple | violet | 49 |
| pushchair | poussette | 64 |
| pyjamas | pyjama | 22 |
| racing car | voiture de course | 66 |
| rake | rateau | 72 |
| red | rouge | 49 |
| reindeer | renne | 81 |
| rider | cavalier | 63 |
| riding hat | bombe | 63 |
| rocket | fusée | 69 |
| roof | toit | 31, 80 |
| rooster | coq | 33 |
| rubber ring | bouée | 55 |
| rugby ball | ballon de rugby | 60 |
| ruler | règle | 47 |
| saddle | selle | 63 |
| sailing boat | voilier | 66 |
| sand castle | château de sable | 72 |
| sand dune | dune de sable | 70 |
| sandwich | sandwich | 79 |
| Santa Claus | père Noël | 83 |
| Saturday | samedi | 51 |
| sausages | saucisses | 21 |
| scarf | écharpe | 24 |
| school bag | cartable | 44 |
| scissors | ciseaux | 46 |
| scooter | trottinette | 67 |
| sea | mer | 71 |
| sea horse | hippocampe | 40 |
| seagull | mouette | 41 |
| seal | phoque | 37 |
| seasons | saisons | 43 |
| set square | équerre | 44 |
| seven | sept | 48 |
| seventy | soixante-dix | 48 |
| shadow | ombre | 16 |
| shark | requin | 40 |
| shellfish | coquillages | 40 |
| shirt | chemise | 28 |
| shoes | chaussures | 24 |
| short | petit | 16 |
| shoulder | épaule | 13 |
| six | six | 48 |
| sixty | soixante | 48 |
| ski boots | chaussures de ski | 74 |
| ski pole | bâton de ski | 74 |
| sky | ciel | 77 |
| slate | ardoise | 46 |
| sledge | luge | 57 |
| sleigh | traîneau | 81 |
| slice of Twelfth Night cake | part de galette des rois | 85 |
| slippers | chaussons | 28 |
| snake | serpent | 79 |
| snorkel | tuba | 72 |
| snow | neige | 74 |
| snowballs | boules de neige | 36 |
| snowman | bonhomme de neige | 36 |
| soap | savon | 26 |
| socks | chaussettes | 24 |
| spade | pelle | 72 |
| spider | araignée | 32 |
| sponge | éponge | 44 |
| spoon | cuillère | 18 |
| spring | printemps | 43 |
| star | étoile | 69 |
| station | gare | 64 |
| stone | pierre | 30 |
| stool | tabouret | 19 |
| storm | orage | 42 |
| starfish | étoile de mer | 41 |
| strawberry | fraise | 20 |
| streamers | cotillons | 83 |
| street | rue | 86 |
| students | élèves | 45 |
| submarine | sous-marin | 38 |
| suitcase | valise | 25 |
| summer | été | 43 |
| sun | soleil | 73 |
| sunburn | coup de soleil | 71 |
| suntan cream | crème solaire | 72 |
| Sunday | dimanche | 51 |
| sunglasses | lunettes de soleil | 29, 73 |
| sweater | pull | 24 |
| sweet | bonbon | 88 |
| swim cap | bonnet de bain | 55 |
| swim trunks | maillot de bain | 54 |
| swimming teacher | maître nageur | 55 |
| swimming-pool | piscine | 54 |
| table | table | 19 |
| table tennis bat | raquette de ping-pong | 60 |
| tall | grand | 16 |
| teacher | maîtresse | 44 |
| tee-shirt | tee-shirt | 29 |
| teeth | dents | 12 |
| ten | dix | 48 |
| tennis | tennis | 60 |
| tennis rackets | raquettes de tennis | 61 |
| tent | tente | 79 |
| terrace | terrasse | 31 |
| thirty | trente | 48 |
| three | trois | 48 |
| Thursday | jeudi | 51 |
| tie | cravate | 28 |
| tiger | tigre | 37 |
| time | heure | 50 |
| to be afraid | avoir peur | 54 |
| to be angry | être en colère | 14 |
| to be happy | être content/heureux | 14 |
| to be in love | être amoureux | 15 |
| to be shy | être timide | 15 |
| to be surprised | être étonné/surpris | 14 |
| to canoe | faire du canoë | 57 |
| to celebrate my birthday | fêter mon anniversaire | 89 |

| | | |
|---|---|---|
| to cook | cuisiner | 84 |
| to cry | pleurer | 15 |
| to cycle | faire du vélo | 56 |
| to dive | plonger | 56 |
| | faire de la plongée sous-marine | 61 |
| to do gymnastics | faire de la gymnastique | 61 |
| to fall | tomber | 30 |
| to fish | pêcher | 79 |
| to get a suntan | se faire bronzer | 70 |
| to get the bean | avoir la fève | 85 |
| to go climbing | faire de l'escalade | 56 |
| to give a present | offrir un cadeau | 88 |
| to go hiking | faire de la randonnée | 78 |
| to go water-skiing | faire du ski nautique | 73 |
| to hate | détester | 15 |
| to have a swim | se baigner | 71 |
| to ice-skate | faire du patinage | 56 |
| to jump | sauter | 54 |
| to laugh | rire | 15 |
| to like | aimer | 15 |
| to picnic | pique-niquer | 76 |
| to read | lire | 71 |
| to roller-skate | faire du roller | 57 |
| to run | courir | 56 |
| to say goodbye | dire au revoir | 64 |
| to shout | crier | 14 |
| to ski | faire du ski | 57 |
| to smile | sourire | 14 |
| to splash | s'éclabousser | 71 |
| to surf | faire du surf | 61 |
| to swim | nager | 55 |
| to think | penser | 14 |
| to windsurf | faire de la planche à voile | 57 |
| to wonder | se demander | 15 |
| tomatoes | tomates | 21 |
| towel | serviette | 29 |
| toys | jouets | 23 |
| tractor | tracteur | 67 |
| train | train | 65 |
| train driver | conducteur | 65 |
| tree | arbre | 30 |
| trousers | pantalon | 24 |
| Tuesday | mardi | 51 |
| tummy | ventre | 12 |
| turtle | tortue | 39 |
| twenty | vingt | 48 |
| two | deux | 48 |
| vampire | vampire | 87 |
| vase | vase | 25 |
| walrus | morse | 37 |
| washbasin | lavabo | 27 |
| weather | météo | 42 |
| Wednesday | mercredi | 51 |
| week | semaine | 51 |
| whale | baleine | 40 |
| whistle | sifflet | 56 |
| white | blanc | 49 |
| window | fenêtre | 31 |
| winter | hiver | 43 |
| witch | sorcière | 87 |
| woman | femme | 17 |
| woolly hat | bonnet | 24 |
| wreck | épave | 39 |
| yellow | jaune | 49 |
| young | jeune | 17 |
| zero | zéro | 48 |
| zero gravity | apesanteur | 68 |

PAPIER À BASE DE FIBRES CERTIFIÉES

hachette s'engage pour l'environnement en réduisant l'empreinte carbone de ses livres. Celle de cet exemplaire est de : 700 g éq. $CO_2$
Rendez-vous sur www.hachette-durable.fr